BELLINI: NORMA

Opera en Dos Actos

Traducción al Español y Comentarios
por E. Enrique Prado A.

Libreto de
Felice Romani

Jugum Press

Primera edición impresa: Octubre de 2016
ISBN-13: 978-1-939423-44-3
ISBN-10: 1-939423-44-9

Estudio de Compositor Vincenzo Bellini de Wikimedia Commons
By http://www.torricellapeligna.com/Renowned-VBelliniSr_files/Vincenzo_bellini.jpg
Dominio Público: https://commons.wikimedia.org/w/index.php?curid=41266
(en el dominio público en los Estados Unidos y otros países)

Impreso en los Estados Unidos de América
Publicado por Jugum Press
www.jugumpress.com

Edición y diseño:
Annie Pearson, Jugum Press
Consultas y correspondencia:
jugumpress@outlook.com

Índice

Prefacio ଓ Norma

Norma es una tragedia lírica en dos actos, escrita por Vincenzo Bellini, (1801-1835) sobre el libreto de Felice Romani (1788-1865) basado en la obra escrita por Alexandre Soumet bajo el título de *Norma o L'Infanticide*.

Se presentó por primera vez en el Teatro alla Scala el 26 de Diciembre de 1831; en Londres se estrenó en el Haymarket Theater el 20 de Junio de 1835 y en los Estados Unidos, en Filadelfia el 11 de Enero de 1841. El elenco original lo integraron: Giuditta Pasta (Norma), Giulia Grisi (Adalgisa), Domenico Donzelli (Pollione) y Vincenzo Negrini (Oroveso).

La mayor parte de la música fue escrita en Blevio situado en la ribera del Lago Como, en donde Bellini era huésped de Giuditta Pasta, quien había sido elegida para interpretar a *Norma* en la premier. Aparentemente ella y Romani el libretista fueron los que inspiraron a Bellini para escribir la obra.

Es increíble que *Norma*, que fue esperada impacientemente por el público milanés, como el evento más importante de la temporada, haya fracasado desastrosamente en su estreno, Pacini comentó que esa noche vio a Bellini derramar lágrimas. Posiblemente una de las principales razones para el fracaso, fue la introducción de ciertas innovaciones en la forma tradicional de la ópera italiana, la más importante de las cuales sin duda fue el reemplazo del "fínale primando sea la gran escena coral al final del primer acto por un espléndido pero simple trio.

Sin embargo en su segunda presentación, *Norma* fue extraordinariamente exitosa y fue calurosamente recibida en toda Italia. Pero la reacción más favorable vino de fuera de Italia, particularmente de Londres, en donde Bellini la dirigió personalmente siendo en esa ocasión la Malibran la protagonista Otra memorable producción fue en 1859 en Verona, cuando el himno: "¡Guerra! ¡Guerra! Hizo al público aplaudir de pie."

Norma es considerada la obra maestra de Bellini y una de las que contribuyó de manera importante en el desarrollo de la ópera. En *Norma* Bellini logró conjuntar la solemnidad con la más absoluta pureza de la melodía, lo que hace comparar a ésta obre con algunas de la tragedia griega. Wagner en alguna ocasión opinó "La poesía de Norma alcanza las alturas de la Tragedia Griega.

Todas las pasiones tan admirablemente transfiguradas por la melodía, están puestas en una atmósfera majestuosa. Yo admiro en Norma, la rica vena melódica que expresa las pasiones más íntimas con un sentido de profunda realidades una obra que habla al corazón, es un trabajo de un genio."

Norma es la obra maestra del "Bel Canto" tardío y un exponente de la integridad de la ópera. Casi todo en ella es canto después de la tempestuosa obertura, siguen los cánticos militares de los druidas que se resisten a la dominación romana, luego el canto valiente de Pollione que en un aria nos cuenta su sueño, en el que su esposa druida, Norma, se venga de él porque la abandonó por otra druida, Adalgisa y luego en una caballeta invoca la protección del amor.

Norma entona el máximo exponente de la línea felliniana: "Casta Diva"; Adalgisa lamentándose de su amor culpable hacia Pollione, entona un recitativo que imperceptiblemente se convierte en una canción. Así *Norma* prosigue, afanosamente alimentada por el fuego vocal, señalando un hito en la evolución del canto dramático y el drama cantado.

La ópera no es solo un concierto, Bellini debe de haber pensado que era un rol perfecto para la Pasta, una sacerdotisa druida del tipo de Medea, atrapada entre el colapso de subida privada y la rebelión de su pueblo sometido. Bellini la compa so con gran rapidez y representó *Norma* tan solo ocho meses después del estreno de la obra teatral de Soumet. Poniéndose a la altura de las circunstancias, Romani suprimió el final de Soumet en el que la heroína enloquece, mata a uno de sus dos hijos y se arroja desde un acantilado con el otro.

En las óperas del bel canto tardío, las escenas de locura estaban muy de moda, pero ésta es tan ferozmente conmovedora, que cualquier otro estallido posterior resultaría demasiado explosivo, de modo que los autores buscaron una solución más clásica, un final medio estatuario en el que Norma se prepara para la inmolación que se impone a sí misma, como castigo de su pecado y su errático marido, admirando su actitud, se une a ella en la muerte.

Norma tuvo una enorme influencia sobre la ópera italiana posterior, especialmente en la evolución de la voz dramática.

En la actualidad la tradición ha ido exigiendo voces muy potentes para los roles principales, es difícil conseguir las voces adecuadas: *Norma* posee un tono wagneriano, Pollione debe estar a cargo de un tenor de estilo heroico "a la italiana" y Adalgisa es asignada a una mezzosoprano dramática, para que las dos mujeres combinen mejor sus voces en los dúos. Pero estas voces pesadas carecen de la flexibilidad necesaria para la coloratura.

Traducción y comentarios por
E. Enrique Prado Alcalá
Tepoztlán, Marzo de 1998

Sinopsis ∞ Norma

ACTO PRIMERO

ESCENA I. Es de noche, luna nueva.

Es el año 50 A.D. en la Galia, territorio ocupado por Roma. Los Druidas, se preparan para la ceremonia del corte del muérdago, que será ejecutado por la sacerdotisa Norma. Ellos esperan una señal del dios Irminsul para romper el tratado de paz que tienen con los romanos y así iniciar una guerra de liberación.

El procónsul romano es Pollione, que se ha convertido en el amante secreto de Norma con quien ha procreado dos hijos. Recientemente Pollione conoció a Adalgisa, una sacerdotisa novicia y se enamoró de ella. El discute la situación con Flavio, un centurión mientras esperan que los druidas se reúnan para la ceremonia que tendrá lugar cuando aparezca la luna en el horizonte.

Los dos romanos se esconden cuando los druidas regresan al altar. Norma aparece para dirigir la ceremonia.

A pesar de los argumentos de su padre Oroveso, Norma insiste en que aún no es tiempo de iniciar un ataque en contra de los romanos: ella predice que el Imperio Romano pronto perecerá víctima de sus propios vicios. Ella realiza la ceremonia del corte del muérdago y promete que cuando Irminsul reclame la sangre de los romanos ella lo anunciará. Sin embargo mientras la gente aun habla de venganza ella está secretamente preocupada por el conflicto que una rebelión provocaría entre su deber y su corazón.

Adalgisa se arrodilla ante el altar y ruega por protección.

Pollione llega hasta ella y trata de ganarse su amor, ella du da de abandonar su fe y huir con él a Roma a donde ha sido llamado. Finalmente ella se decide y acepta reunirse con él al día siguiente.

ESCENA II.

Norma está con sus dos hijos en su hogar secreto en el bosque. Ella se ha enterado de que Pollione ha sido llamado a Roma y teme quedar abandonada con sus hijos. Ella le pide a Clotilde, su dama de compañía, que esconda a sus hijos, cuando Adalgisa llega a consultarla. La muchacha le confiesa a Norma que está enamorada y le pide que la libere de sus votos. Norma, recordando sus propios sentimientos está de acuerdo, pero cuando se entera de que Pollione se encuentra involucrado se enfurece. Llega Pollione y Norma lo confronta. Ella le revela a Adalgisa que ha roto sus votos y que Pollione es su amante, la novicia se desmaya.

Suena el gong llamando a Norma; ambas mujeres le advierten a Pollione que ya existe una amenaza para los ocupantes romanos.

ACTO SEGUNDO

ESCENA I.

Es de noche, los hijos de Norma duermen, ella llega con la idea de matarlos para que Pollione no se los lleve a Roma pero no se atreve a hacerlo. Le pide a Clotilde que llame a Adalgisa y cuando la joven llega, Norma le pide que cuando se case con Pollione, se encargue de llevarse a sus hijos con ellos. Adalgisa decide olvidarse del procónsul romano y quedarse en la Galia, en ésta forma ellas renuevan su amistad.

ESCENA II.

En el bosque, Oroveso habla con los soldados galos y les informa de la partida de Pollione y de que está enterado de que el nuevo procónsul es más represivo aun.

ESCENA III.

Norma llega al templo, convencida de que Pollione regresará a ella. Clotilde trae la noticia de que el romano hace planes para raptar a Adalgisa.

Norma golpea el escudo de Irminsol, reuniendo a Oroveso, a los druidas y a los soldados y los incita a la rebelión. Son interrumpidos por Clotilde que anuncia que Pollione, ha sido capturado dentro del templo. Los soldados lo traen frente a Norma quien toma una daga para ejecutarlo, pero se detiene y pide que la dejen interrogarlo en privado. Norma le promete perdonarlo si desiste de casarse con Adalgisa. El no acepta ante lo cual Norma amenaza con ejecutar a Adalgisa entonces Pollione ofrece su vida a cambio.

Norma llama a la gente y les anuncia que una sacerdotisa ha traicionado sus votos...se trata de ella misma y pide ser quemada en la hoguera; Pollione, decide acompañarla y la pira es preparada.

Norma revela la existencia de sus dos hijos y le pide a Oroveso que cuide de ellos, entonces la pareja se dirige hacia la muerte.

FIN

Reparto ℘ Norma

POLLIONE, Procónsul romano — Tenor

OROVESO, sacerdote druida, padre de Norman — Bajo

NORMA, sacerdotisa del Templo — Soprano

ADALGISA, una virgen del templo — Soprano

CLOTILDE, confidente de Norma — Soprano

FLAVIO, un centurión — Tenor

Sacerdotes, oficiales de templo, guerreros Galos, sacerdotisas y vírgenes del templo.

Epoca: Occupación roman 50 A.D.
Lugar: La Galia

Libreto ৪১ Norma

Acto Primero

ESCENA 1.
El bosque sagrado de los druidas.
Al centro el roble de Irminsul con el altar de piedra de los druidas.
A la distancia se aprecian las colinas arboladas.
Es de noche y a la distancia se ven fogatas ardiendo entre los arboles del bosque.

Comienza la marcha sagrada de los soldados galos seguidos
por la procesión de Druidas y al final Oroveso con los sacerdotes principales.

OROVESO
Ite sull colle, o Druidi,
ite a spar né cieli
quando il suo disco argenteo
la nuova luna sveli;
ed il primier sorriso
del virginal suo viso
tre volte annunzi il mistico
bronzo sacerdotal.

1.   Id a las colinas, oh Druidas,
id a mirar el cielo
cuando su disco plateado
devele a la luna nueva;
y la primera sonrisa
de su rostro virginal
anuncie tres veces el místico
bronce de los sacerdotes.

CORO DE DRUIDAS
Il sacro vischio a mietere
Norma verrà?

2.   ¿Vendrá Norma a segar
el sagrado muérdago?

OROVESO
Sì, Norma, sì verrà.

3.   Si, Norma vendrá.

13

DRUIDAS

Verrà!
Dell'aura tua profetica,
terribil Dio, l'informa
sensi, o Irminsul, le inspira
d'odio ai Romani e d'ira
sensi che questa infrangano
pace per noi mortal, sì.

OROVESO

Sì; parlerà terribile
da queste quercie antiche
sgombre farà la Gallie
dall'aquille nemiche;
e del suo scudo il suono
pari al fragor del tuono.

OROVESO, DRUIDAS

Nella città dei Cesari
tremendo echeggerà.

DRUIDAS

E del suo scudo il suono, etc.

OROVESO

Pari al fragor, etc.

Todos se retiran hacia el bosque.

OROVESO, DRUIDAS

Luna, t'affretta sorgere!
Norma all'altar verrà.
Oh, luna t'affretta!

Flavio y Pollione, envueltos en sus togas entran cautelosamen te por un lado.

POLLIONE

Svanir le voci!
e dell'orrenda selva libero è
il varco.

FLAVIO

In quella selva è morte;
Norma, tel disse.

4.	Vendrá
De tu aura profética,
terrible Dios, le forme
sentimientos, oh Irminsul, le inspire
odio para los romanos y
sentimientos de ira que rompan
ésta paz mortal para nosotros.

5.	Sí; hablará en forma terrible
desde éste antiguo roble
desocupará a la Galia
de las águilas enemigas;
y de su escudo el sonido
parecerá el fragor del trueno.

6.	En la ciudad de los Césares
tremendo resonará.

7.	Y de su escudo el sonido, etc.

8.	Parecerá el fragor, etc.

9.	¡Luna, apresúrate a surgir!
Norma al altar vendrá.
¡Oh, luna apresúrate!

10.	Las voces se desvanecen
y el pasaje de la horrenda
selva está libre.

11.	En esa selva está la muerte;
Norma, te lo dijo.

POLLIONE
Profferisti un nome che il cor
m'agghiaccia.

FLAVIO
Oh! Che di tú?
L'amante! La madre de tuoi figli!

POLLIONE
A me non puoi far tu rampogna
ch'io mertar non senta;
ma nel mio core è spenta la primafiamma,
E un Dio la spense,
un Dio nemico al mio riposo;
ai piè mi veggo l'abisso aperto,
e in lui m'avvento io stesso.

FLAVIO
Altra ameresti tu?

POLLIONE
Parla sommesso
Un'altra, si; Adalgisa, tu la vedrai.
Fior d'innocenza e riso
di candore e d'amor.
Ministra al tempio
di questo Dio di sangue,
ella v'appare come raggio di
stella in ciel turbato.

FLAVIO
Misero amico!
E amato sei tu del pari?

POLLIONE
Io n'ho fidanza.

FLAVIO
E l'ira non temi tu di Norma?

POLLIONE
Atroce orrenda
me la presenta il mio rimorso esetremo.
Un sogno...

12. Mencionaste un nombre que me
hiela el corazón.

13. ¡Oh! ¿Qué dices?
¡La amante! ¡La madre de tus hijos!

14. A mí no puedes reprocharme
algo que no merezco;
pero en mi corazón se ha extinguido
la pasión y un Dios la extinguió,
un Dios enemigo de mi tranquilidad,
a mis pies veo el abismo abierto,
y en él me arrojo yo mismo.

15. ¿Amas a otra?

16. Habla quedo
Otra, si; Adalgisa, tú la verás.
Flor inocente con sonrisa
candorosa y de amor.
Ministra del templo
de éste dios de sangre,
en donde se aparece como rayo
de estrella en un cielo turbado.

17. ¡Pobre amigo!
¿Y ella te ama a la par?

18. Estoy seguro que sí.

19. ¿Y no temes a la ira de Norma?

20. Es atroz y horrendo
mi remordimiento.
Un sueño...

FLAVIO
Ah, Narra.

21. Cuéntamelo.

POLLIONE
In rammentarlo io tremo.
Meco all'altar di Venere
era Adalgisa in Roma,
cinta di bende candide
sparsa di fior la chioma
udia d'Imene i cantici,
vedea fumar gl'incensi,
eran rapiti i sensi.
di voluttade e amor.
Quando fra noi terribile
viene a locarsi un'ombra
l'ampio mantel druidico
come un vapor l'ingombra
cade sull'ara il folgore
d'un vel si copre il giorno
muto si spande intorno
un sepolcrale orror.
Più l'adorata vergine
io non mi trovo accanto;
n'odo da lunge un gemito,
misto de figil al pianto,
ed una voce orribile
eccheggia in fondo al tempio;
"Norma così fa scempio"
d'amante traditor ...

22. Tiemblo al recordarlo.
En el altar de Venus
en Roma, Adalgisa estaba a mí la
do, vestida con cándidos velos
y con flores en su cabellera
oía los cánticos de Himeneo,
veía humear los inciensos
sus sentidos eran raptados
por la voluptuosidad del amor.
Cuando entre nosotros terrible
viene a colocarse una sombra
el amplio manto druídico
que como un vapor la envuelve
y cae sobre el altar el fulgor
y un velo cubre el día
y mudo se expande alrededor
un sepulcral horror.
Y a mí adorada virgen
ya no la encuentro a mi lado;
y oigo desde lejos un gemido
mezcla de llanto de niño,
y de una voz horrible
que resuena desde el fondo del templo
"Norma así hace un ejemplo"
del amante traidor...

Suena el gong sagrado. Se oyen trompetas en la distancia.

FLAVIO
Odi? I suoi riti a compiere
Norma del tempio move.

23. Norma viene del templo a Norma
dirigir los ritos.

CORO DE DRUIDAS
Sorta è la luna, o druidi
ite, profani, altrove.

24. La luna apareció, oh Druidas
que se vayan los profanos.

FLAVIO
Vieni.

25. Ven.

POLLIONE
Mi lascia.

26. Déjame.

16

FLAVIO
Ah, m'ascolta.

27. Escúchame.

POLLIONE
Barbari!

28. ¡Bárbaros!

FLAVIO
Fuggiam.

29. Huyamos.

POLLIONE
Io vi preverrò.

30. Yo te detendré.

FLAVIO
Vieni, fuggiam, scoprire alcun ti può.

31. Ven, huyamos, alguien te puede descubrir.

POLLIONE
Traman congiure i barbari,
ma io li preverrò!

32. ¡Los bárbaros traman una conjura,
pero yo los detendré!

FLAVIO
Ah, vieni,
fuggiam, sorprendere alcun ti può.

33. Ah, ven,
huyamos, alguien puede sorprenderte.

DRUIDAS
Ite, profano altrove.

34. Vete, profana otro lugar.

POLLIONE
Me protegge me difende
un poter maggior di loro
è il pensier di lei che adoro
è l'amor che m'infiammò.
Di quel Dio che a me contende
quella vergine celeste
arderò le rie foreste
l'empio altare abbaterò...

35. Me protege y me defiende
un poder mayor que el de ellos
es el recuerdo de la que adoro
es el amor que me encendió.
De aquel Dios que conmigo compite
por esa virgen celeste
arderán sus forestas,
abatirá al impío altar...

FLAVIO
Vieni, vieni.

36. Ven, ven.

DRUIDAS
Sorta è la luna...

37. La luna ha salido...

POLLIONE
Traman congiure i barbari...

38. Traman conjura los bárbaros...

FLAVIO

Sorprendere alcun ti può, fuggiam...

39. Alguien puede descubrirte...

POLLIONE

Ma io li preverrò
Me protegge, me difende...

40. Pero yo los detendré
Me protege, me defiende...

Parten apresuradamente.

Entran Druidas, sacerdotisas, guerreros, verdugos y Oroveso.

CORO

Norma viene le cinge la chioma
la verbena ai misteri sacrata
in sua man come luna falcata
l'aurea falce diffonde splendor.
Ella viene, e la stella di Roma
sbigottita si copre d'un velo;
Irminsul corre i campi del cielo
qual cometa fioriera d'orror.

41. Norma viene su pelo coronado
con verbena consagrada en el
misterio, en su mano como media
luna la dorada hoz irradia esplendor.
Ella viene y la estrella de Roma
atemorizada, se cubre con un velo;
Irminsul recorre los campos del cielo como
cometa anunciando el terror.

Norma aparece rodeada por sus ministros.
Su pelo suelto su frente coronada con verbena y en su mano una hoz de oro.
Ella va hasta la piedra Druida y mira alrededor ins pirarla.

NORMA

Sediziose voci, voci di guerra
avvi chi alzarsi attenta presso
all'ara del Dio?
V'ha chi presume dettar responsi
alla veggente Norma, e di Roma
affrettar il fato arcano?
Ei non dipende, no, non dipende
da ma, potere umano.

42. ¡Sediciosas voces, voces de guerra
tenían que alzarse enfrente del
altar del Dios?
¡Hay alguien que presuma de dictar
respuestas a la vidente Norma
y apresurar el destino de Roma?
Eso no depende, no depende,
del poder humano.

OROVESO

E fino a quando oppressi ne vorrai tu?
Contaminate assai
non fur le patrie selve e i templi aviti
dall'aquile latine?
Omai di Brenno oziosa non può
starsi la spada.

43. ¿Cuánto tiempo nos han oprimido?
¡No ha contaminado bastante la
selva de nuestra patria y nuestros templos
el águila latina?
La espada de Brenno no puede
estar ociosa.

CORO

Si brandisca una volta.

44. Que la use una vez.

18

NORMA

E infranta cada.
Infranta, sì, se alcun di voi snudarla
anzi tempo pretende.
Ancor non sono
della nostra vendetta i dì maturi.
Delle sicambre scuri sono i
pili romani ancor più forti.

OROVESO, CORO

E che t'annunzia il Dio?
Parla, quai sorti?

NORMA

Io né volumi arcani leggo del cielo;
in pagine di morte della
superba Roma è scritto il nome.
Ella un giorno morrè; ma non per voi.
Morrà pei vizi suoi; qual
consunta morrà. L'ora aspettate,
l'ora fatal che compia il gran decreto.
Pace v'intimo, e il sacro vischio io mieto.

45. Y que caiga rota
Si, rota, si alguien pretende
desnudarla antes de tiempo.
Aun no llega el día
de nuestra venganza.
Las lanzas romanas son más fuertes
que las hachas de Sicambri.

46. ¿Y qué te anuncia el Dios?
¿Habla, qué va a pasar?

47. Yo leo en los antiguos libros del cielo,
en las páginas de la muerte
escrito el nombre de la orgullosa Roma.
Ella un día morirá, pero no por ustedes.
Morirá por sus vicios consumida.
Esperen la hora, la hora fatal que anuncia
el gran decreto. Les pido sean pacíficos y yo
cortaré el sagrado muérdago.

Ella corta el muérdago y las sacerdotisas lo colectan en canastas de mimbre.
Norma avanza con sus brazos levantados al cielo.
La luna brilla intensamente y todos se arrodillan.

NORMA

Casta Diva, che inargenti
queste sacre antiche piante
al noi volgi, il bel sembiante
senza nube e senza vel.

OROVESO, CORO

Casta Diva, che inargenti... etc.

NORMA

Ah, si. Ah!

NORMA

Tempra, o Diva
templa tu dé cori ardenti
tempra, ancora lo zelo audace,
spargi, in terra, ah, quella pace
che regnar tu fai nel ciel...

48. Casta Diva que iluminas
éstos antiguos arboles
voltea hacia nosotros tu bello
semblante sin nubes y sin velo.

49. Casta Diva, que iluminas.... Etc.

50. Ah, sí. ¡Ah!

51. Templa, oh Diva
templa los corazones ardientes
templa otra vez con esmero,
extiende en la tierra, aquella paz
que te hace reinar en el cielo...

OROVESO, CORO
Diva, spargi in terra...

NORMA
Fine al rito, e il sacro bosco
sia disgombro dai profani.
Quando il Nume irato e fosco
chiegga il sangue dei Romani,
dal druidico delubro
la mia voce tuonerà.

OROVESO, CORO
Tuoni, e un sol del popol empio
non isfugga al giusto scempio.
E primier per noi percosso
il Proconsole cadrà.

NORMA
Cadrà! Punirlo io posso...
(Ma punirlo il cor non sa.)

(Ah, bello a me ritorna
del fido amor primiero;
E contro il mondo intiero
entedifesa a te sarò.
Ah, bello a me ritorna
del raggio tuo sereno;
E vita nel tuo seno
a patria e cielo avrò.)

OROVESO, CORO
Sei lento, sì, sei lento
O giorno di vendetta;
ma irato il Dio t'affretta
che il Tebro condannò...

NORMA
(Ah, ah! Bello a me ritorna, etc.)

OROVESO CORO
Ma irato, si, il Dio t'affretta
che il Tebro condannò.

52. Diva, extiende en la tierra...

53. Finaliza el rito, y libra al sacro
bosque de los profanos.
Cuando el dios iracundo y sombrío
pida la sangre de los romanos,
del druídico templo
mi voz tronará.

54. Truena, y nadie del pueblo impío
escapará del justo castigo que merecen.
Y el primero que caerá golpeado
por nosotros será el Procónsul.

55. ¡Caerá! Castigarlo yo puedo...
(Pero castigarlo el corazón no sabe.)

(Ah, retorna a mi querido
como en nuestros primeros días
de amor y contra el mundo entero
yo te defenderé.
Ah, regresa querido
con tu mirada serena
y vida dentro de ti
y así tendré patria y cielo.)

56. Eres lento, eres lento
oh día de la venganza;
pero iracundo el Dios se apresura
a condenar al Tíber...

57. (¡Ah, ah! Querido regresa a mí, etc.)

58. Pero ira cundo el Dios
se apresura a condenar al Tíber.

NORMA

Ah, riedi ancora qual eri allora,
quando il cor ti diedi allora... etc.

59. Ah, regresa a ser como antes
cuando el corazón yo te di... etc.

OROVESO CORO

O giorno, il Dio t'áffretta...

60. Oh Dios, apresura el día...

Norma parte y todos la siguen en orden. Entra Adalgisa.

ADALGISA

Sgombra è la sacra selva,
compiuto il rito.
Sospirar non vista alfin poss'io.
Qui... dove a me s'offerse
la prima volta quel fatal Romano,
che mi rende rubella al tempio, al Dio...
Fosse l'ultima almen!
Vano desio!
Irresitibili forza qui mi trascina
e di quel caro aspetto
il cor si pasce e di sua cara voce l'aura
che spira mi ripete il suono.

61. Dejaron la selva sagrada,
cumplieron con el rito...
Ahora que no me ven, puedo suspirar.
Aquí... en donde conocí al
fatal romano, que me ha hecho
ser infiel al templo, al Dios...
Si al menos fuera la última vez.
¡Deseo vano!
Una fuerza irresistible me atrae
aquí y mi corazón se alimenta
de su querido rostro y de
su voz la brisa me trae el acento.

Corre a postrarse en la roca de Irnrinsul.

Deh! proteggimi, o Dio!
Deh! proteggimi; perduta io son,
gran Dio, abbi pietà, perduta io son.

¡Oh, protégeme dios mío!
Protégeme, estoy perdida,
gran Dios, ten piedad, estoy perdida.

Entran Flavio y Pollione.

POLLIONE

Eccola!
Va, mi lascia, ragion non odo.

62. ¡Ahí está ella!
Vete, déjame, no oigo razones.

Flavio parte.

ADALGISA

Oh! Tu qui?

63. ¡Oh! ¿Tu aquí?

POLLIONE

Che veggo! Piangevi tu?

64. ¡Que veo! ¿Tú llorabas?

ADALGISA

Pregava. Ah, t'allontana,
pregar mi lascia.

65. Rezaba. Ah, Aléjate,
déjame rezar.

POLLIONE
Un Dio tu preghi atroce, crudele
avverso al tuo desire e al mio.
O mia diletta!
Il Dio che invocar devi è Amore.

ADALGISA
Amor! Deh, taci, ch'io più non t'oda.

POLLIONE
E vuoi fuggirmi?
E dove fuggir voi tu ch'io non ti segua?

ADALGISA
Al tempio, ai sacri altari
che sposar giurai.

POLLIONE
Gli altari! E il nostro amor?

ADALGISA
Io l'obbliai.

POLLIONE
Va, crudele, al Dio spietato
offri in dono il sangue mio
tutto, ah, tutto el sia versato.
Ma lasciarti nol poss'io,
no, no, ah, nol poss'io,
no, nol posso.
Sol promesa al Dio tu fosti
ma il tuo core a me si diede.
Ah, non sai quel che mi costi
perch'io mai rinunzi a te.

ADALGISA
E tu pure, ah! non sai
quanto costi a me dolenti!
All'altare che oltraggiai
lieta andava ed innocente,
sì, sì, v'andava innocente,
sì, sì, innocente.
Il pensiero al cielo ergea
E il mio Dio vedeva in ciel!

66. Tú le rezas a un atroz y cruel
Dios opuesto a tu deseo y al mío.
¡Oh querida!
El Dios que debes invocar es el amor.

67. ¡Amor! Calla que no te oiga yo.

68. ¿Y quieres huir de mí?
¿Adónde vas a huir que yo no te siga?

69. Al templo, a los sacros altares
que juré desposar.

70. ¡Los altares! ¿Y nuestro amor?

71. Lo he olvidado.

72. Vete cruel, a tu dios despiadado
ofrece en sacrificio mi sangre;
aunque toda ella sea vertida.
No puedo dejarte,
no, no, ah, no puedo,
nono puedo.
Solo fuiste prometida a tu dios
pero tu corazón me lo diste.
Ah, no sabes cuánto me cuesta
renunciar a ti.

73. ¡Y tú tampoco sabes
cuanta pena me causas a mí!
Yo fui alegre e inocente al altar
que he ultrajado,
si, si fui inocente,
si, si, inocente.
¡Mi pensamiento al cielo alzaba
y a mi dios veía en el cielo!

ADALGISA
Or per me spergiura e rea
cielo e Dio ricopre un vel.

POLLIONE
Ciel più puro e Dei migliori
T'offro in Roma, ov'io reco.

ADALGISA
Parti forse?

POLLIONE
Ai nuovi albori.

ADALGISA
Parti! Ed io?

POLLIONE
Tu vien meco.
Dé tuoi riti è amor più santo
a lui cedi, ah, cedi a me.

ADALGISA
Ah! Non dirlo.

POLLIONE
Il dirò tanto
che ascoltato io sia da te.

ADALGISA
Deh! Mi lascia.

POLLIONE
Ah, deh, cedi! deh, cedi a me!

ADALGISA
Ah, non posso...
mi proteggi, o giusto ciel!

POLLIONE
Abbandonarmi così potresti?
Abbandonarmi così!
Adalgisa, Adalgisa!
Vieni in Roma, ah! Vieni, o cara
dov'è amore e gioia e vita;

(continuó)
Ahora por mi perjurio el cielo
y dios están cubiertos por un velo.

74. Cielo más puro y dioses mejores
te ofrezco en Roma, a donde te llevo.

75. ¿Entonces te vas?

76. A nuevos amaneceres.

77. ¡Partes! ¿Y yo?

78. Tu vienes conmigo.
El amor es más santo que tus
ritos, cede a él, cede a mí.

79. ¡Ah! No digas eso.

80. Lo diré hasta
que me escuches.

81. ¡Por favor, déjeme!

82. ¡Ah, cede! ¡Cede a mí!

83. ¡Ah, no puedo...
me protege el cielo justo!

84. ¿Podrías abandonarme así?
¡Abandonarme así!
¡Adalgisa, Adalgisa!
¡Ven a roma, ah! Ven querida,
a donde hay alegría y vida;

POLLIONE

innebriam nostr'alme a gara
del contento a cui ne invita.
Voce in cor parlar non senti
che promette eterno ben?
Ah, dà fede á dolci accenti,
sposo tuo mi stringi al sen.

ADALGISA

Ciel! Cosi parlar l'ascolto
sempre, ovunque, al tempio istesso.
Con quegli occhi, con quel volto,
fin sull'ara il veggo impresso.
Ei trionfa del mio pianto,
del mio duol vittoria ottien.
Ciel! Mi togli al dolce incanto,
Q l'error perdona almen.

POLLIONE
Ah, vieni.

ADALGISA
Deh, pietà.

POLLIONE
Ah, deh! Vieni, o cara.

ADALGISA
Ah, mai!

POLLIONE
Crudel! E puoi lasciarmi?

ADALGISA
Ah, per pietà, mi lascia.

POLLIONE
Cosi scordarmi!

ADALGISA
Ah, per pietà mi lascia.

POLLIONE
Adalgisa!

(continuó)

embriaguemos nuestras almas
con la felicidad que nos invita.
¿No oyes hablar al corazón que
promete eterna felicidad?
Ah, confía en las dulces palabras
y abraza a tu esposo al seno.

85. ¡Cielos! Lo oigo hablar así siempre,
aun en el templo.
Con esos ojos, con ese rostro
en el altar lo veo impreso.
El triunfa sobre mi llanto,
de mi dolor victoria obtiene.
¡Cielos! Sálvame del dulce encanto,
o al menos perdona mi error.

86. Ah, ven.

87. Por favor, piedad.

88. ¡Ah! Ven querida.

89. ¡Ah, nunca!

90. ¡Cruel! ¿Y puedes dejarme?

91. Ah, por piedad, déjame.

92. ¡Me olvidas así!

93. Ah, por piedad, déjame.

94. ¡Adalgisa!

ADALGISA
Ah, mi risparmi
tua pietà maggior cordoglio.

POLLIONE
Adalgisa! E vuoi lasciarmi?

ADALGISA
Io...ah!
Ah, non posso...
Seguirti voglio.

POLLIONE
Qui, domani all'ora istessa,
verrai tu?

ADALGISA
Ne fo promessa.

POLLIONE
Giura.

ADALGISA
Giuro.

POLLIONE
O mio contento!
Ti rammenta?

ADALGISA
Ah, mi rammento.
Al mio Dio sarò spergiura
ma fedel a te sarò.

POLLIONE
L'amor tuo mi rassicura,
e il tuo Dio sfidar saprò,
sfidar saprò.

ADALGISA
Si, fedel a te sarò.

95.	Ah, evítame la pena
y una mayor congoja.

96.	¡Adalgisa! ¿Deberás me dejas?

97.	¡Yo...ah!
Ah, no puedo...
Quiero seguirte.

98.	¿Aquí mañana a la misma hora,
vendrás tú?

99.	No hago promesa.

100.	Júralo.

101.	Lo juro.

102.	¡Estoy contento!
¿Te acordarás?

103.	Me acordaré.
Seré perjura ante mi Dios
pero a ti te seré fiel.

104.	Tu amor me da seguridad,
y sabré desafiar a tu Dios,
desafiarlo sabré.

105.	Si te seré fiel.

Parten

ESCENA II. *La casa de Norma.*
Norma, Clotilde y los dos niños.

NORMA
Vanne e li cela entrambi,
Oltre l'usato io tremo d'abbracciarli.

CLOTILDE
E qual ti turba strano timor,
che i figli tuoi rigetti?

NORMA
Non so...diversi affetti
strazian quest'alma.
Amo in un punto ed odio i figli miei!
Soffro in vederli, e soffro
s'io non li veggo.
Non provato mai sento un diletto
ed un dolore insieme d'esser lor madre.

CLOTILDE
E madre sei?

NORMA
Nol fossi!

CLOTILDE
Qual rio contrasto!

NORMA
Immaginar non puossi, o mia Clotilde!
Richiamato al Tebro è Pollione.

CLOTILDE
E teco ei parte?

NORMA
Ei tace il suo pensiero.
Oh! S'ei fuggir tentasse, e qui lasciarmi?
Se obbliar potesse questi suoi figli?

106. Ve y esconde a los niños,
tengo miedo de abrazarlos.

107. ¿Qué extraño temor te turba,
que rechazas a tus hijos?

108. No lo sé...diversas emociones
afligen mi alma.
¡Amo a mis hijos y también los odio!
Sufro si los veo y sufro
si no los veo.
Siento una alegría y también
un dolor de ser su madre.

109. ¿Y eres madre?

110. Si solo no lo fuera.

111. ¡Qué terrible contraste!

112. ¡Tú no puedes imaginar, oh Clotilde mía!
Pollione ha sido llamado a Roma.

113. ¿Y te lleva con él?

114. El calla su pensamiento.
¡Oh! ¡Si intentase huir y aquí dejarme?
¿Podrá olvidar a sus hijos?

CLOTILDE

E il credi tu?

NORMA

Non l'oso.
È troppo tormentoso
troppo orrendo è un tal dubbio.
Alcun s'avanza. Va, li cela.

NORMA

Adalgisa!

ADALGISA

Alma, costanza...

NORMA

T'inoltra, o giovinetta, t'inoltra.
E perchè tremi?
Udii che grave a me segreto
palesar tu voglia.

ADALGISA

È ver, ma, deh, ti spoglia
della celeste austerità
che splende negli occhi tuoi.
Dammi coraggio,
ond'io senza alcun velo
ti palesi il core.

NORMA

M'abbraccia, e parla.
Che t'affligge?

ADALGISA

Amore. Non t'irritar!
Lunga stagion pugnai per soffocarlo,
ogni mia forza el vinse,
ogni rimorso.
Ah, tu non sai,
pur dianzi qual giuramento io fea!

115. ¿Y tú le crees?

116. No me atrevo.
Es muy atormentante
y horrible tal duda.
Alguien llega. Escóndelos.

Clotilde se lleva a los niños.
Entra Adalgisa.

117. ¡Adalgisa!

118. Cielos, se fuerte...

119. Acércate, jovencita, acércate.
¿Y por qué tiemblas?
Oí que quieres revelarme
un grave secreto.

120. Es verdad, desnúdate
de la celeste austeridad
que brilla en tus ojos.
Dame el valor,
para que sin velos
te abra mi corazón.

Se postra.

121. Abrázame y habla.
¿Qué te aflige?

122. Amor. ¡No te enojes!
Por largo tiempo he pugnado por
sofocarlo, él vence toda mi fuerza
y todo mi remordimiento.
¡Ah, tú no sabes,
cual juramento he hecho!

ADALGISA
Fuggir dal tempio,
tradir l'altare a cui son io
legata, abbandonar la patria...

NORMA
Ah, sventurata!
Del tuo primier mattino
già turbato è il sereno?
E come, e quando nacque tal fiamma in te?

ADALGISA
Da un solo sguardo,
da un sol sospiro,
nella sacra selva,
a pie dell'ara ov'io pregava il Dio.
Tremai, sul labbro mio
s'arrestò preghiera;
e, tutta assorta in quel leggiadro
aspetto, un altro cielo mirar credetti,
un altro cielo in lui.

NORMA
(Oh rimembranza!
Io fui così rapita
al sol mirarlo in volto.)

ADALGISA
Ma, non m'ascolti tu?

NORMA
Segui, t'ascolto.

ADALGISA
Sola, furtiva, al tempio
io l'aspettai sovente;
ed ogni di più fervida
crebbe la fiamma ardente.

NORMA
(Io stessa arsì così.)

ADALGISA
Vieni el dicea, concedi
ch'io mi ti postri ai piedi.

(continuó)
Huir del templo,
traicionar al altar al que yo
he sido legada, abandonar la patria...

123. ¡Ah, desventurada!
¿Tu juventud ya
ve turbada su paz?
¿Y cómo, y cuando tal pasión nace en ti?

124. De una sola mirada,
de un solo suspiro,
en la sagrada selva,
al pie del altar donde yo rezaba a mi Dios.
Temblaba, en mis labios
se detuvo la plegaria;
y absorta ante aquel hermoso
rostro, vi a otro cielo, créelo,
otro cielo en él.

125. (¡Oh remembranza!
Yo fui así raptada
con solo mirarlo al rostro.)

126. ¿Pero no me escuchas?

127. Sigue, te escucho.

128. Sola furtiva, yo lo esperaba en
el templo, sola
y en secreto mi pasión
crecía ardiente.

129. (Yo misma ardí así.)

130. Ven, él decía, concede
que me postre a tus pies.

NORMA
(Oh rimembranza.)

ADALGISA
Lascia che l'aura io spiri.

NORMA
(Io fui così sedotta!)

ADALGISA
Dei dolce tuoi sospiri
del tuo bel crin l'anella dammi poter baciar.

NORMA
(Oh cari accenti!
Così li profferta
così trovava del cor la via.)

ADALGISA
Dolci qual arpa armonica
m'eran de sue parole;
negli occhi suoi sorridere
vadea più bello un sole.

NORMA
(L'incanto suo fu il mio.)

ADALGISA
Io fui perduta e il sono.

NORMA
Ah! Tergi il pianto.

ADALGISA
D'uopo ho del tuo perdono.

NORMA
Avvrò pietade.

ADALGISA
Deh! Tu me reggi e guida.

NORMA
Ah, tergi il pianto.

131. (Oh remembranza.)

132. Deja que el aíra que respiro.

133. (¡Yo fui así seducida!)

134. De tus dulces suspiros
déjame besar tus bellos rizos.

135. (¡Oh, queridas palabras!
Así las pronunciaba
así encontró el camino a mi corazón.)

136. Dulce como arpa armónica
eran sus palabras;
en sus ojos veía sonreír
a un hermoso sol.

137. (Su encanto fue el mío.)

138. Yo me perdí y aún estoy perdida.

139. ¡Ah! Seca tu llanto.

140. Necesito de tu perdón.

141. Tendré piedad.

142. Oriéntame y guíame.

143. Ah, seca tu llanto.

ADALGISA

Me rassicura, o sgrida,
salvami da me stessa
salvami dal mio cor.

NORMA

Ah! Tergi il pianto;
te non lega eterno nodo all'ara.

ADALGISA

Ah! Ripeti, oh ciel, ripeti
si lusinghieri accenti.

NORMA

Ah, si ah!
Ah, s, fa core abbracciami,
Perdono e ti compiango.
Dai voti tuoi ti libero,
i tuoi legami io frango.
Al caro oggetto unita
vivrai felice ancor,
al caro oggetto... etc.

ADALGISA

Ripeti, oh ciel, ripetimi
si lusinghieri acenti;
per te, per te, s'acquetano
i lunghi miei tormenti.
Tu rendi a me la vita,
se non è colpa amor,
tu rendi... etc.

NORMA

Vivrai felice... etc.
Ma dí: l'amato giovane
quale fra noi si norma?

ADALGISA

Culla non ebbe in Gallia,
Roma gli è patria...

NORMA

Roma! Ed è? proseguí...

144. Me apoyas y me regañas
sálvame de mi misma
sálvame de mi corazón.

145. ¡Ah! Seca tu llanto,
no estas atada eternamente al altar.

146. Ah! Repite, oh cielos, repite
esas halagüeñas palabras.

147. ¡Ah, sí ah!
Ah, sí, querida, abrázame,
Te perdono y te comprendo.
Te libero de tus votos,
tus vínculos yo rompo.
Vivirás feliz unida
a tu querido amor,
a tu querido amor vivirás... etc.

148. Repite, cielos, repíteme
esas hermosas palabras;
gracias a ti se calman mis
largos tormentos.
Tú me regresas la vida,
si el amor no es pecado
tú me regresas... etc.

149. Vivirás feliz... etc.
¿Pero dime, de entre los nuestros
quién es el joven amado?

150. Cuna no tiene en Galia,
Roma es su patria...

151. ¡Roma! ¿Quién es? Prosigue...

Entra Pollione.

ADALGISA
Il mira.

152. Aquí está.

NORMA
Ei! Pollione!

153. ¡El Pollione!

ADALGISA
Qual ira?

154. ¿Porque tan enojada?

NORMA
Costui, costui dicesti?
Ben io compresi?

155. ¿Es él, es el dijiste?
¿Entendí bien?

ADALGISA
Ah, si...

156. Ah, si...

Aproximándose a Adalgisa

POLLIONE
Misera te! Che festi?

157. ¡Pobre de tú! ¿Qué has hecho?

ADALGISA
Io?

158. ¿Yo?

A Pollione

NORMA
Tremi tu? E per chi?
E per chi tu tremi?
Oh, non tremare,
o perfido, per lei.
Essa non è colpevole
il malfattor tu sei;
trema per te, fellon,
ah, trema fellon per me...

159. ¿Tiemblas? ¿Y por quién?
¿Por quién tú tiemblas?
Oh, no tiembles
oh pérfido por ella.
Ella no es culpable
el malhechor eres tu;
tiembla por ti, traidor,
ah tiembla traidor por mi...

ADALGISA
Che ascolto!

Ah! Deh parla.

Taci! t'atrretri! Ohimé...

160. ¡Qué escucho!
A Norma
Ah! Habla.
A Pollione
¡Calla! Retírate, cielos...

Ella cubre su rostro con sus manos;
Norma la toma por un brazo
y la obliga a mirar a Pollione

NORMA

Oh! Di qual sei tu vittima
crudo e funesto inganno!
Pria che costui conoscere
t'era il morir men danno.
Fonte d'eterne lagrime,
egli a te pur dischiuse.
Come il mio cor deluse
l'empio il tuo cor tradì.

ADALGISA

Oh! qual traspare orribile
dal tuo parlar mistero!

NORMA

Oh! Di qual sei tu vittima.

ADALGISA

Trema il mio cor di chiedere
trema d'udire il vero.
Tutta comprendo, o misera,
tutta la mia ventura.
Essa non ha misura,
s'ei m'inganno così.

NORMA

Fonte d'eterno lagrime... etc.

POLLIONE

Norma! De tuoi rimproveri
segno non farmi adesso.

NORMA

Pria che costui conoscere, etc.
Empio e tant'osi!

ADALGISA

Oh, qual mistero orribile, etc.

POLLIONE

Deh! A questa afflitta vergine
sia respirar concesso.
Copra a quell'alma ingenua
copra nostr'onte un velo;

161. ¡Oh! ¡Di cuál es tu víctima
crudo y funesto engaño!
Hubiera sido mejor para
ti morir que conocerlo.
En fuente de eternas lágrimas,
él te ha convertido.
Así como desilusionó a mi corazón,
el impío ha traicionado al tuyo.

162. ¡Se transparenta el horrible
hablar de tu misterio!

163. ¡Oh! Di cuál es tu víctima.

164. Tiembla mi corazón de miedo
de oír la verdad.
Comprendo toda, pobre de mí,
toda mi desventura.
Que no tiene fin
si él así me engañó.

165. Fuente eterna de lágrimas... etc.

166. ¡Norma! No me hagas
reproches ahora.

167. Antes de conocerlo... etc.
¡Impío, portarte así!

168. Oh, qué horrible misterio... etc.

169. A ésta afligida doncella
permítele respirar.
Que un velo cubra a esa alma
ingenua de nuestra vergüenza;

POLLIONE
giudichi solo il cielo
qual più di noi falli.

NORMA
Fonte, ah, fonte d'eterne lagrime... etc.

ADALGISA
Tutta, ah, tutta comprendo, o misera...

POLLIONE
Deh! Quest'afflitta,
deh, fa che respiri;
sa il ciel, ah! chi noi falli... etc.

NORMA
Perfido!

POLLIONE
Or basti.

NORMA
Fermati.

POLLIONE
Vieni.

ADALGISA
Mi lascia, scostati.
Sposo sei tu infedele.

POLLIONE
Qual io mi fossi obblio.

ADALGISA
Mi lascia, scostati.

POLLIONE
L'amante tuo son io.

ADALGISA
Va, traditor.

POLLIONE
È mio destino amarti,
destino costei lasciar.

(continuó)
que solo el cielo juzgue
quién de nosotros es más culpable.

170. Fuente, ah, fuente de eternas la grimas... etc.

171. Lo entiendo todo, pobre de mí...

172. A ésta doncella afligida
déjala respirar;
el cielo sabe que nuestras fallas... etc.

173. ¡Pérfido!

174. ¡Ya, basta!

175. Detente.

Tomando a adalgisa
176. Ven.

Evadiéndolo
177. Déjame, vete.
Eres un esposo infiel.

178. He olvidado lo que era.

179. Déjame, vete.

180. Yo soy tu amante.

181. Vete, traidor.

182. Es mi destino amarte,
y dejarla a ella.

NORMA

Ebben, lo compi,
lo compi e parti.

Seguilo.

ADALGISA

Ah, no, giammai, ah, no, ah!
Pria spirar!

NORMA

Vanne, si, mi lascia, indegno;
figli obblia,
promese, onore.
Maledetto dal mio sdegno
non godrai d'un empio amore.
Vanne, si... etc.

ADALGISA, POLLIONE

Ah!

POLLIONE

Dio non v'ha che mali inventi
dé miei mali ah! più cocenti.

NORMA

Mia vendetta e notte e giorno
ruggirá d'intorno a te.

POLLIONE

Fremi pure, e angoscia eterna
pur m'imprechi il tuo furore!
Quest'amor che mi governa
è di te, di me maggiore.
Fremi pure... etc.

ADALGISA

Ah, non fia, non fia ch'io costi
al tuo core si rio dolore;
Ah, sian frapposti e mari e monti
fra me sempre
e il traditore.

183. Está bien, hazlo,
hazlo y parte.
A Adalgisa
Síguelo.

Suplicante
184. ¡Ah, no, jamás, ah no, ah!
¡Primero morir!

A Pollione
185. Vete, si, déjame, indigno;
olvida a tus hijos,
tus promesas, tu honor.
Mi desdeño te maldice
no gozarás de un amor impío.
Vete, si... etc.

186. ¡Ah!

187. Dios no tendrá que inventar
les peores, que los míos.

188. Mi venganza rugirá día y noche
en torno a ti.

189. ¡Pena y angustia eterna pide
para mí tu furia!
Este amor que me gobierna
es más grande que tú y que yo.
Pena y angustia... etc.

190. Ah, no hagas que yo le cueste
a tu corazón tan cruel dolor;
Ah, que los montes y los mares se
interpongan para siempre entre
el traidor y yo.

NORMA

Maledetto dal mio sdegno
non godrai d'un empio amore.

191. Mi desdeño te maldice
no gozarás de un amor impío.

ADALGISA

Soffocar saprò i lamenti,
divorare i miei tormenti
morirò perchè ritorno
faccia il crudo ai figlia te.

192. Sabré sofocar los lamentos,
y devoraré mis tormentos
moriré por el retorno
del cruel, a sus hijos y a ti.

POLLIONE

Dio non v'ha che mali inventi
dé miei mali, ah, più cocenti.
Maledetto io fui quel giorno
che il destin m'offerse a te.

193. Dios no va a inventar males
peores que los míos.
Fui maldecido el día en que el
destino me llevo hasta ti.

Suenan los sagrados gongs de bronce del templo.
Norma es llamada a presidir los ritos.

CORO

Norma, Norma, all'ara!
In tuon feroce
d'Irminsul tuonò la voce!
Norma, Norma, al sacro altar.

194. ¡Norma, Norma, al altar!
¡En tono feroz
tronó la voz de Irminsul!
Norma, Norma, al sacro altar.

NORMA

Ah, suon di morte, suon di morte!
Ah, va, per te qui pronta ell'è.

195. ¡Ah, sonidos de muerte!
Ve por ella que pronta está.

ADALGISA

Ah, suon di morte s'intima a te
va per te qui pronta ell'è...

196. Ah, el sonido de la muerte se acerca a ti,
ve por ella que pronta está...

POLLIONE

Ah, qual suon!
Si, la sprezzo, sì, ma prima
mi cadrà il tuo Nume al piè.

197. ¡Ah, qué sonido!
Si, la desafío, pero primero
caerá tu dios a mis pies.

Norma empuja a Pollione para que se retire.
Ei se va de prisa. furioso...

Acto Segundo

ESCENA 1.

En la casa de Norma.
A un lado una cama romana cubbierta con pieles de oso.
Los hijos de Norma duermen. Norma aparece llevando una lámpara y un puñal.

Se sienta y coloca la lámpara sobre la mesa.

NORMA

Dormono entrambi	198. Ambos duermen
non vedran la mano che li percuote	No verán la mano que los hiere
Non pentirti, o core, viver non ponno.	No me arrepiento, ellos no pueden vivir.
Qui supplizio, e in Roma	Aquí sufrirán suplicio y en Roma
obbrobrio avrian.	solo oprobio tendrán.
peggior supplizio assai	Peor suplicio sería, ser esclavos
schiavi d'una matrigna.	de una madrastra.
Ah, no, giammai.	Ah, no, jamás.
Muoiano, sì.	Morirán, sí.
Non posso avvicinarmi;	No puedo acercarme;
un gel mi prende,	me siento helada,
e in fronte mi si solleva il crin.	y se me eriza el cabello.
I figli uccido!	¡Matar a mis hijos!
Teneri, teneri figli,	¿Mis hijos tan tiernos,
essi, pur dianzi delizia mia,	ellos son mi delicia
essi nel cui sorriso	en la sonrisa de ellos
il perdono del ciel mirar credei,	creí mirar el perdón del cielo
ed io li svenerò?	y yo podré matarlos?
Di che son rei?	¿De qué son culpables?
Di Pollione son figli: ecco il delitto.	De Pollione son hijos: he ahí el delito.
Essi per me son morti: muoian per lui;	Ellos para mi están muertos,
e non sia pena che la sua	que mueran por él; y que esa pena
somigli... Feriam!	la sufra él... ¡Golpea!

Ella va hacia la cama y levanta el puñal

NORMA
Ah, no, son miei figli!

(continuó)
¡Ah no, son mis hijos!

Al gritar, despiertan los niños.
Norma los abraza mientras llora amargamente

Miei figli!
Olà Clotilde!
Vola, Adalgisa a me guida.

¡Mis hijos!
¡Clotilde!
Vuela, trae a Adalgisa.

CLOTILDE
Ella qui presso solitaria si
aggira, e prega, e plora.

199.	Aquí está ella, solitaria
rezando y llorando.

NORMA
Va. Si emendi il mio fallo,
e poi, si mora.

200.	Vete. Enmendaré mi falta,
y luego moriré.

Entra Adalgisa

ADALGISA
Mi chiami, o Norma?
Qual ti copre il volto tristo pallor?

201.	¿Me has llamado, Norma?
¿Por qué está tu rostro triste y pálido?

NORMA
Pallor di morte.
Io tutta l'onta mia ti revelo
Una preghiera sola, odi,
e l'adempi, se pietà pur merta
il presente mio duol, e il duol futuro.

202.	Palidez de muerte.
Te revelaré toda mi vergüenza
Escucha, solo una petición,
y ejecútala, si mi dolor actual
y el dolor que viene, son dignos de lástima.

ADALGISA
Tutto, tutto, io prometto.

203.	Te prometo todo, lo que quieras.

NORMA
Il giura.

204.	Júralo.

ADALGISA
Il giuro.

205.	Lo juro.

NORMA
Odi.
Purgar quest'aura contaminata
dalla mia presenza ho risoluto
nè trar meco io posso queste
in felici; a te li affido.

206.	Escucha.
He resuelto limpiar éste aire
contaminado, con mi presencia,
no puedo llevarme a éstos infelices;
a ti los confío.

ADALGISA
Oh, ciel! A me li affidi?

NORMA
Nel romano campo guidali a lui
che nominar non oso.

ADALGISA
Oh! Che mai chiedi?

NORMA
Sposo ti sia men crudo,
io gli perdono e moro.

ADALGISA
Sposo! Ah, mai!

NORMA
Pei figli suoi t'imploro
Deh! Con te, conter li prendi
li sostieni li difendi,
non ti chiedo onori e fasci;
a'tuoi figli ei fian serbati:
prego sol che i miei non lasci
schiavvi, abbietti, abbandonati...
Basti a te che disprezzata,
che tradita io fui per te.
Adalgisa, deh! Ti mova
tanto strazio del mio, cor.

ADALGISA
Norma, ah Norma! Ancora amata,
madre ancora sarai per me.
Tienti i figli. Ah! Non fia mai
ch'io mi tolga a queste arene.

NORMA
Tu giurasti...

ADALGISA
Sì, giurai,
ma il tuo bene, il sol tuo bene.
Vado al campo, ed all'ingrato
tutti io reco i tuoi lamenti.

207. ¿Oh cielos, me los confías?

208. Llévaselos al campamento romano
a aquel que no puedo nombrar.

209. ¡Oh! ¿Qué me estas pidiendo?

210. Espero que contigo él sea menos
cruel, yo lo perdono y muero.

211. ¡Esposo! ¡Nunca!

212. Por sus hijos te imploro
que contigo, contigo los lleves
los sostengas, los defiendas
no te pido para ellos los honores
ni el poder reservado para
tus propios hijos; te ruego que
no dejes que los esclavicen,
los degraden ni los abandonen...
Que te baste que yo fui despreciada
y traicionada por ti. Adalgisa, espero que
te mueva todo el sufrimiento de mi corazón.

213. ¡Norma, oh Norma! Otra vez serás,
mi amada madre.
Conserva a tus hijos. ¡Ah! No me
hagas que me vaya de ésta tierra.

214. Tú juraste...

215. Si juré,
pero solo para tu bien.
Iré al campamento y llevaré
al ingrato tus lamentos.

ADALGISA
La pietà che m'hai destato
parlerà sublimi accenti.
Spera, ah spera, amor, natura
ridestarsi in lui vedrai,
del suo cor son io secura
Norma ancor vi regnerà.
Norma spera, nel suo core... etc.

(*continuó*)
La piedad que en mi has despertado,
hablará con sublimes palabras.
Tu espera ver en él renacer
el amor por ti, yo estoy se
gura de que Norma, de nuevo
reinará en su corazón.
Espera Norma, en su corazón... etc.

NORMA
Ch'io lo, preghi? Ah, no, giammai!

216. ¿Que yo le ruegue? ¡Ah, no, jamás!

ADALGISA
Norma, ti piega.

217. Norma, haz lo que te digo.

NORMA
No, più non t'oda.
Partiva.

218. No, ya no te oigo más.
Parte, vete.

ADALGISA
Ah, no giammai, no!
Ah, no!
Mira, o Norma, á tuoi ginocchi
questi cari tuo pargoletti.
Ah! Pietade di lar ti tocchi,
se non hai di te pietà.

219. ¡Ah, no jamás, no!
¡Ah, no!
Mira, oh Norma, mira ante tus
rodillas a estos tus párvulos.
¡Ah! Ten piedad de ellos
aunque no tengas piedad de ti.

NORMA
Ah! Perchè la mia costanza
vuoi scemar con molli affetti?
Più lusinghe, ah! più speranza
ah! presso a morte un cor non ha.

220. ¡Ah! ¿Por qué quieres minar mi
fortaleza con sentimientos blandos?
Mi corazón cercano a la muerte
ya no tiene ni ilusiones ni esperanza.

ADALGISA
Mira questi cari pargoletti,
questi cari, ah! Li vedi, ah!

221. ¡Mira a estos queridos niños,
a ésos queridos, ah! ¡Los ves!

NORMA
Ah! perchè, ah, perchè
la vuoi scemar, ah perchè?

222. ¿Ah, porque, porque
la quieres minar, por qué?

NORMA
Ah, perchè la mia costanza...

223. Ah, porqué mi fortaleza...

ADALGISA
Mira o Norma, á tuoi ginocchi...

ADALGISA
Cedi, deh, cedi!

NORMA
Ah, lasciami. Ei t'ama.

ADALGISA
Ei già sen pente.

NORMA
E tu?

ADALGISA
L'amai, quest'anima.
sol l'amistade or sente.

NORMA
Oh, m'giovinetta! E vuoi?

ADALGISA
Renderti i dritti tuoi,
o teco al cielo, agli uomini
giuro celarmi ognor.

NORMA
Sì, hai vinto.
Abbracciami.
Trovo un'amica ancor.

NORMA, ADALGISA
Sì, fino all'ore estreme
compagna tua m'avrai;
per ricovrarci insieme
ampia è la terra assai.
Teco del fato all'onte
ferma opporrò la fronte,
finchè il tuo core battere
io senta sul mio cor.
Ah! Sì, fino all'ore estreme...

224. Mira oh Norma, en tus rodillas...

225. ¡Cede, cede!

226. Ah, déjame. Él te ama.

227. Él ya se ha arrepentido.

228. ¿Y tú?

229. Lo amaba, ahora ésta alma
solo siente amistad por él.

230. ¡Oh, jovencita! ¿Qué es lo que quieres tú?

231. Regresarte tus derechos,
y juro ante el cielo, y los hombres
encerrarme contigo para siempre.

232. Si, has vencido.
Abrázame.
En ti encuentro una de nuevo a una amiga.

233. Si hasta la hora extrema
me tendrás por compañía;
para refugiarnos, bastante
amplia es la tierra.
Afrontare la pena que nos
depare el destino
y hasta que yo sienta el latir
de tu corazón sobre el mío.
Ah! Si, hasta la, hora extrema...

ESCENA II.

Un solitario lugar cercano al bosque de los Druidas ro decedo de cavernas y barrancas.
Al fondo, un lago cruzado por un puente de piedra.

CORO DE GUERREROS

Non partì?
Finora è al campo.
Tutto il dice: i feri carmi,
il fragor dell'armi il suon,
dell'insegne il ventilar.
Un breve inciampo non ci turbi,
non ci arresti, attendiam;
e in silenzio il cor s'appresti
la grand'opra a consumar,
e in silenzio... etc.

234. ¿No ha partido?
Él está aún en el campo.
Todo así lo indican: los cantos
el ruido, el sonido de las armas
el ondear de las insignias.
que un breve retraso no nos turbe,
no nos detenga, esperaremos;
y en silencio el corazón
se apreste a consumar la gran obra,
y en silencio... etc.

Entra Oraveso.

OROVESO

Guerrieri! A voi venirne
credea foriero d'avvenir migliore.
Il generoso ardore,
l'ira che in sen vi bolle
io credea secondar,
ma il Dio nol valle.

235. ¡Guerreros! Vengo ante ustedes
con noticias de un mejor futuro.
El generoso ardor,
la ira que hierve en su pecho
yo creía secundar,
pero el dios no quiere.

GUERREROS

Come? Le nostre selve
l'abborrito Proconsole non lascia?
Non riede al Tebro?

236. ¿Como? ¿El aborrecido Procónsul
no deja nuestra selva?
¿No regresa al Tíber?

OROVESO

Ma più temuto e fiero latino
a Pollione succede.

237. Más temido y fiero es el
comandante que releva a Pollione.

GUERREROS

E Norma il sa?
Di pace è consigliera ancor?

238. ¿Y Norma lo sabe?
¿Y aun es consejera de paz?

OROVESO

Invan di Norma la mente investigai.

239. En vano he investigado la mente de Norma.

GUERREROS

E che far pensi?

240. ¿Y qué piensas hacer?

OROVESO

Al fato piegar la fronte, separarci.
E nullo lasciar sospetto
del fallido intento.

GUERREROS

E finger sempre?

OROVESO

Cruda legge! Il sento.
Ah, del Tebro al giogo indegno
fremo io pure, all'armi anelo;
ma nemico è sempre il cielo,
ma consiglio è simular.

GUERREROS

Ah, sì, fingiamo, se il finger giovi;
ma il furor in sen si covi.

OROVESO

Divoriam in cor lo sdegno,
tal che Roma estinto il creda.
Di verrà, sì, che desto ei rieda
più tremendo a divampar.

GUERREROS

Guai per Roma allor che il segno
dia dell'armi il sacro altar!
Sì, ma fingiam, se il finger giovi,
ma il furore in sen si corvi.

OROVESO

Simuliamo, sì,
ma consiglio è il simular.

OROVESO

Di verrà, che desto ei rieda... etc.

GUERREROS

Guai per Roma aliar che il segno... etc.

OROVESO, GUERREROS

Ma fingiamo, è consiglio il...

241. Ante los hechos, bajar la frente, separarse.
Y no levantar sospecha
del fallito intento.

242. ¿Y fingir siempre?

243. ¡Es una cruel ley! La siento.
Ah, tengo rabia de estar bajo
el yugo del Tíber, anhelo tomar;
las armas pero el cielo, es el
enemigo y el consejo es simular.

244. Ah, sí finjamos, si fingir debemos
y la furia escondamos en nuestro pecho.

245. Devoremos con el corazón la rabia,
y que Roma la crea extinta.
El día vendrá, en que despierte
y regrese tremenda a estallar.

246. ¡Pobre de Roma el día que el altar
dé la señal de batalla!
Sí, pero finjamos, si fingir debemos,
pero la furia se esconde en nuestro pecho.

247. Simulemos, si,
el consejo es simular.

248. El día vendrá... etc.

249. Pobre de Roma... etc.

250. Pero finjamos, el consejo es...

Parten

43

ESCENA III.
El templo de Irminsul.

El altar a un lado.

NORMA

Ei tornerà.
Sì, mia fidanza è posta in Adalgisa:
ei tornerà pentito, supplichevole, amante.
Oh, a tal pensiero sparisce
il nuvol nero che mi premea la fronte
e il sol m'arride come del primo
amore ai dì, ai dì felice.

251. El regresará.
Sí, mi confianza está puesta en Adalgisa:
él retornará suplicante, amoroso.
¡Oh! Tal pensamiento desaparece
la nube negra que está sobre mi frente
y el sol me sonríe como el primer
día feliz de amor.

Entra Clotilde.

NORMA

Clotilde!

252. ¡Clotilde!

CLOTILDE

O Norma!
Uopo è d'ardir!

253. ¡Oh, Norma!
¡Debes atreverte!

NORMA

Che dici?

254. ¿Qué dices?

CLOTILDE

Lassa!

255. ¡Cielos!

NORMA

Favella, favella.

256. Habla, habla.

CLOTILDE

Indarno parlò Adalgisa, e pianse.

257. Adalgisa habló, y lloró en vano.

NORMA

Ed io fidarme di lei dovea?
Di mano uscirmi, e bella del suo dolore.

258. ¿Y yo debía fiarme de ella?
En su dolor ella planeaba huir con el impío.

CLOTILDE

Ella ritorna al tempio.
Triste, dolente,
implora di profferir suoi voti.

259. Ella retorna al templo.
Triste, doliente,
implora tomar sus votos.

NORMA

Ed egli?

260. ¿Y él?

CLOTILDE
Ed egli rapirla giura
anco all'altar del Nume.

261.	Y él juró raptarla
	del altar de nuestro dios.

NORMA
Troppo il felon presume.
Lo previen mia vendetta
e qui di sangue,
sangue roman, scorreran torrenti.

262.	El villano mucho presume.
	Eso anticipa mi venganza
	correrán torrentes de sangre,
	de sangre romana.

*Norma corre hacia el altar
y golpea tres veces el escudo de Irminsul.
Se escuchan trompetas a la distancia.*

CORO
Squilla il bronzo del Dio!

263.	¡Suena el bronce del Dios!

*Oroveso, los druidas, los sacerdotes entran corriendo de todas direcciones.
Norma toma su lugar en el altar.*

OROVESO, CORO
Norma che fú?
Percosso lo scudo d'Irminsul,
quali alla terra decreti intima?

264.	¿Norma, qué pasa?
	¡Has golpeado el escudo de Irminsul,
	que significa eso?

NORMA
Guerra, strage, sterminio.

265.	Guerra, masacre, exterminio.

OROVESO, CORO
A noi pur dianzi pace
s'imponea pel tuo labro.

266.	Hace poco tus labios
	nos imponían la paz.

NORMA
Ed ira adesso, stragi furore e morti.
Il cantico di guerra alzate o forti.

267.	E ira, masacre, furia y muerte.
	Alcen el cántico de guerra.

NORMA
Guerra, guerra!

268.	¡Guerra, guerra!

OROVESO, CORO
Guerra, guerra! Le galliche selve
quante han quercie producon guerrier.

269.	¡Guerra, guerra! Las selvas gálicas
	traerán tantos soldados carboles tiene.

NORMA
Guerra, guerra!

270.	¡Guerra, guerra!

OROVESO, CORO
Qual sul gregge fameliche belve,
sui Romani van essi a cader.

NORMA
Sangue, sangue! Vendetta!

OROVESO, CORO
Sangue, sangue! Le galliche scuri
fino al tronco bagnate ne son.

NORMA
Guerra, guerra!

OROVESO, CORO
Sovra y flutti dei Ligeri impuri
el gorgoglia con funebre suon.

NORMA
Guerra, guerra!

OROVESO, CORO
Strage, strage, sterminio, vendetta!
Già cominciasi, si compie, s'affretta.

NORMA
Sangue, sangue! Vendetta!

OROVESO, CORO
Come biade da falci mietute
son di Roma le schiere cadute.

NORMA
Strage, strage!

OROVESO, CORO
Tronchi i vanni, recisi gli artigli
abbattuta ecco l'aquila al suol.
A mirare il trionfo dé figli
ecco il Dio sovra un raggio di sol.

CORO
A mirare il trionfo dé figli...

271. Como caen famélicos sobre los rebaños,
ellos caerán sobre los romanos.

272. ¡Sangre, sangre! ¡Venganza!

273. ¡Sangre, sangre! Las hachas galas
se bañaran de sangre.

274. ¡Guerra, guerra!

275. Sobre las olas del Loira impuro
ella burbujea con fúnebre son.

276. ¡Guerra, guerra!

277. ¡Masacre, exterminio, venganza!
Comienza, se cumple, se apresura.

278. ¡Sangre, sangre! ¡Venganza!

279. Como hierba que cae ante la hoz
caerán las escuadras de Roma.

280. ¡Masacre, masacre!

281. Con las alas rotas y las garras
cortadas, abatida el águila cae por el suelo.
A mirar el triunfo de sus hijos
ahí está el dios sobre un rayo de sol.

282. A mirar el triunfo de sus hijos...

OROVESO

Né compi il rito, o Norma?
Né la vítima accenni?

283.   ¿Completas el rito, Norma?
¿Señalas a la víctima?

NORMA

Ella fia pronta.
Non mai faltar tremendo
di vittime mancò.
Ma qual tumulto?

284.   Ella está lista.
A nuestro altar nunca
le han faltado víctimas.
¿Pero qué es ese tumulto?

Entra Clotilde de prisa

CLOTILDE

Al nostro tempio insulto fece
un Romano; nella sacra chiostra
delle vergine alunne egli fu colto.

285.   Un romano ha insultado a nuestro templo,
fue arrestado en el sacro claustro
de las vírgenes novicias.

OROVESO, CORO

Un Romano?

286.   ¿Un romano?

NORMA

(Che ascolto? Se mai foss'egli?)

287.   (¿Que oigo? ¿Y si es él?)

OROVESO, CORO

A noi vien tratto.

288.   Tráiganlo ante nosotros.

Entra Pollione conducido por dos guerreros

NORMA

È desso!

289.   Es él.

OROVESO

È Pollion!

290.   ¡Es Pollione!

NORMA

(Son vendicata adesso.)

291.   (He sido vengada.)

OROVESO

Sacrilego nemico, e chi ti spinse
a violar queste temute soglie,
a sfidar l'ira d'Irminsul?

A Pollione
292.   ¿Enemigo sacrílego quién te indujo
a violar éste temido umbral,
a desafiar la ira de Irminsul?

POLLIONE

Ferisci! Ma non interrogarmi.

293.   ¡Hiéranme! Pero no me interroguen.

NORMA

Io ferir deggio. Sostatevi.

294.   Yo lo heriré. Háganse a un lado.

POLLIONE
Chi veggio? Norma!

295. ¿A quién veo? ¡Norma!

NORMA
Sì, Norma!

296. ¡Si, Norma!

OROVESO, CORO
Il sacro ferro impugna,
vendica il Dio.

297. Empuña el sagrado puñal,
y venga a nuestro dios.

NORMA
Sì, feriam... Se detiene...

Toma el puñal de la mano de Oroveso.
298. Si, lo heriré...

OROVESO, CORO
Tu tremi?

299. ¿Tiemblas?

NORMA
(Ah, non poss'io.)

300. (Ah, no puedo.)

OROVESO, CORO
Che fia? Perchè t'arresti?

301. ¿Qué pasa? ¡Por qué te detienes?

NORMA
(Poss'io sentir pietà?)

302. (¿Puedo sentir piedad?)

OROVESO, CORO
Ferisci.

303. Hiérelo.

NORMA
Io leggio interrogarlo,
investigar qual sia l'insidiata,
o complice ministra
che il profan persuase a fallo estremo.
Ite per poco.

304. Yo debo interrogarlo,
e investigar quién es la que lo incitó,
quien es la ministra cómplice
que lo persuadió a cometer ésta falta extrema.
Déjenos un momento.

OROVESO, CORO
(Che far pensa?)

Al ejándose
305. (¿Qué piensa hacer?)

POLLIONE
(Io fremo.)

306. (Tengo miedo.)

NORMA
In mia man alfin tu sei;
niun potria spezzar tuoi nodi.
Io lo posso.

307. Al fin estás en mis manos;
nadie puede cortar tus ataduras.
Yo puedo.

POLLIONE
Tu nol dei.

NORMA
Io lo voglio.

POLLIONE
E come?

NORMA
M'odi.
Pel tuo Dio, pei figli tuoi
giurar dei che d'ora in poi
Adalgisa fuggirai,
all'altar non la torrai;
e la vita io ti perdono,
e mai più ti rivedrò. Giura.

POLLIONE
No, si vil non sono.

NORMA
Giura, giura.

POLLIONE
Ah, pria morrò.

NORMA
Non sai tu che il mio furore
passa il tuo?

POLLIONE
Ch'ei piombi attendo.

NORMA
Non sai tu che ai figli in core
questo ferro...

POLLIONE
Oh, Dio, che intendo?

NORMA
Ah, sovr'essi alzai la punta;
vedi, vedi a che son giunta!
Non ferii, ma tosto, adesso
consumar potrei l'eccesso.

308.   Tú no debes.

309.   Yo así lo quiero.

310.   ¿Y cómo?

311.   Escúchame.
Por tu dios, por tus hijos
jurarás que de aquí en delante
tu rehuirás a Adalgisa,
al altar no la llevarás;
y la vida yo te perdono,
y nunca más te volveré a ver. Jura.

312.   No, no soy tan vil.

313.   Jura, jura.

314.   Ah, primero moriré.

315.   ¿No sabes que mi furia
es mayor que la tuya?

316.   Espero que la desates.

317.   No sabes que en los corazones
de tus hijos éste puñal...

318.   ¿Oh dios, que escucho?

319.   ¡Ah, sobre de ellos alza el puñal
mira, mira qué he traído!
No los herí, pero ahora consumar
podría el hecho.

NORMA
Un'istante, e d'esser madre
mi poss'io dimenticar.

POLLIONE
Ah! Crudele, in sen del padre
il pugnal tu dei vibrar.
A me il porgi.

NORMA
A te!

POLLIONE
Che spento cada io solo!

NORMA
Solo! Tutti.
I Romani a cento a cento
fian mietuti, fian distrutti.
E adalgisa...

POLLIONE
Ahimé!

NORMA
Infedele a suoi voti...

POLLIONE
Ebben, crudele?

NORMA
Adalgisa fia punita;
nelle fiamme perirà, sì, perirà.

POLLIONE
Ah, ti prendi la mia vita,
ma di lei, di lei pietà.

NORMA
Preghi alfine? Indegno, è tardi.
Nel suo cor ti vò ferire,
sì, nel suo cor ti vó ferire.
Già mi pasco né tuoi sguardi,
del tuo duol, del suo morire;

(continuó)
Un instante y de ser madre me
puedo olvidar.

320. ¡Ah! Cruel, en el pecho del padre
el puñal tú puedes clavar.
Mátame.

321. ¡A ti!

322. ¡Que muerto caiga yo solo!

323. ¡Solo! Todos.
Cientos de romanos
serán muertos, serán destruidos.
Y adargáis...

324. ¡Cielos!

325. Infiel a sus votos.

326. ¿Y bien, cruel mujer?

327. Adalgisa debe ser castigada;
en las flamas perecerá, perecerá.

328. Ah, toma mi vida,
pero de ella, de ella ten piedad.

329. ¿Al fin ruegas? Indigno, es tarde.
En su corazón quiero herirte,
si, en su corazón quiero herirte.
En tu mirada ya me nutro,
de tu dolor, de su morir;

NORMA
posso alfine, io posso farti
infelice al par di me.

POLLIONE
Ah! T'appaghi il mio terrore,
al tuo piè io son piangente.
In me sfoga il tuo furore,
ma risparmia un'innocente
basti, basti a vendicarti
ch'io mi sveni innanzi a te.

NORMA
Nel suo cor ti vó ferire.

POLLIONE
Ah, t'appaghi il mio terrore.

NORMA
No, nel suo cor.

POLLIONE
No, crudel!

NORMA
Ti vó ferire.

POLLIONE
In me sfoga il tuo furore,
ma risparmia un'innocente.

NORMA
Già mi pasco né tuoi sguardi
del tuo duol, del suo morire;
posso alfine, io posso farti
infelice al par di me.

POLLIONE
Ah, crudele!

NORMA
Posso farti alfin
posso farti infelice al par di me.

(continuó)
al fin puedo hacerte
infeliz a la par mía.

330. ¡Ah! Conténtate con mi terror,
a tus pies estoy llorando.
En mí desahoga tu furia,
pero salva a una inocente:
que te baste para vengarte
que yo me desmaye frente a ti.

331. En su corazón quiero herirte.

332. Ah, que te satisfaga mi terror.

333. No, en su corazón.

334. ¡No, cruel mujer!

335. Te quiero herir.

336. En mi desahoga tu furia,
pero salva a una inocente.

337. Ya me nutro de tus miradas,
de tu dolor, de su morir;
puedo al fin, puedo hacerte
infeliz a la par mía.

338. ¡Eres cruel!

339. Puedo hacerte al fin puedo
hacerte infeliz a la par mía.

POLLIONE
Basti, basti il mio dolore,
ch'io mi sveni innanzi a te,
basti, basti a vendicarti...

340.   Que te baste mi dolor,
que yo me desmaye frente a ti,
que baste a tu venganza...

POLLIONE
Dammi quel ferro.

341.   Dame ese puñal.

NORMA
Che osi? Scostati.

342.   ¿Qué dices? Quítate.

POLLIONE
Il ferro, il ferro.

343.   El puñal, el puñal.

NORMA
Olà, ministri, sacerdoti, accorrete.

344.   Ministros, sacerdote, vengan.

Todos entran

NORMA
All'ira vostra
nuova vittima io svelo.
Una spergiura sacerdotessa
i sacri voti infranse,
tradì la patria e il Dio degli
avi offese.

345.   Ante vuestra ira,
yo muestro la nueva víctima.
Una sacerdotisa perjura
infringió los sagrados votos,
traicionó a la patria y al dios
de nuestros ancestros ofendió.

OROVESO, CORO
Oh delitto, oh, furor!
La fa palese.

346.   ¡Qué delito, que furia!
Muéstrala.

NORMA
Sì, preparate il rogo.

347.   Si, preparen la pira.

POLLIONE
Oh! Ancor ti prego, Norma, pietà.

A Norma
348.   Oh! De nuevo te lo ruego, Norma piedad.

OROVESO, CORO
La svela.

349.   Muéstrala.

NORMA
Udite.
(Io rea l'innocente accusar
del fallo mio?)

350.   Escuchen.
(¿Si yo no soy inocente cómo
puedo acusarla de mi pecado?)

OROVESO, CORO
Parla, chi è dessa?

351. ¿Habla, quién es ella?

POLLIONE
Ah, non lo dir.

A Norma
352. Ah, no lo digas.

NORMA
Son io.

353. Yo soy.

OROVESO, CORO
Tu, Norma!

354. ¡Tú, Norma!

NORMA
Io stessa. Il rogo ergete.

355. Yo misma. Alisten la pira.

OROVESO, CORO
(D'orrore io gelo.)

356. (Me hiela el horror.)

POLLIONE
Mi manca il cor.

357. Se me detiene el corazón.

OROVESO, CORO
Tu delinquente!

358. ¡Tú delincuente!

POLLIONE
Non le credete.

359. No la crean.

NORMA
Norma non mente.

360. Norma no miente.

OROVESO
Oh, mio rossor!

361. ¡Oh, qué vergüenza!

CORO
Oh, quale orror!

362. ¡Oh, qué horror!

NORMA
Qual cor tradisti, qual cor perdesti,
quest'ora orrenda ti manifesti.
Da me fuggire tentasti invano,
crudel Romano, tu sei con me.
Un nume, un fato di te più forte
ci vuol uniti in vita e morte.
Sul rogo istesso che mi divora
sotterra ancora sacò con te.

A Pollíone
363. Esta horrenda hora te manifiesta
al corazón que traicionaste y al que perdiste.
De mi intentaste huir en vano,
cruel romano, tú estás conmigo.
Hay un dios, y un destino más fuerte
que tu, que quiere unirnos en la vida
y en la muerte. En la pira que me devorará
y en la tumba yo estaré aun contigo.

POLLIONE
Ah, troppo tardi t'ho conosciuta,
sublime donna, io t'ho perduta.

NORMA
Qual cor tradisti... etc.

POLLIONE
Col mio rimorso è amor rinato,
più disperato, furente egli è.
Moriamo insieme, ah, sì, moriamo.

NORMA
Quest'ora orrenda...

POLLIONE
L'estremo accento sarà ch'io t'amo.
Ma tu morendo, non m'abborrire
pria di morire, perdona a me.

OROVESO, CORO
Oh! in te ritornaci
Ci rassicura.

NORMA
Io son la rea.

OROVESO, CORO
Canuto padre, te ne scongiura.

POLLIONE
Non, m'abborrire.

NORMA
Qual cor perdesti.

OROVESO, CORO
Di che deliri, di che tu menti,
che stolti accenti uscir da te.

POLLIONE
Moriamo insieme, ah! Sì moriam.

NORMA
Quest'ora orrenda tel dica.

A Norma

364. Ah, te he conocido muy tarde,
sublime mujer, yo te he perdido.

365. El corazón que traicionaste... etc.

366. Con mi remordimiento y con mi
amor renacido, desesperado y furioso.
Muramos juntos, ah, sí muramos.

367. Esta hora horrenda...

368. La última palabra será que yo te amo.
Pero tú al morir, no me aborrezcas,
antes de morir, perdóname.

369. Vuelve a ser tú,
tranquilízate.

370. Yo soy la culpable.

371. Tu padre encanecido, te lo ruega.

372. No me aborrezcas.

373. El corazón que perdiste.

374. Di que deliras, di que tú mientes
que palabras tontas salen de ti.

375. ¡Muramos juntos, ah! Si, muramos.

376. Que ésta hora horrenda te lo diga.

OROVESO, CORO
Il Dio severo che qui t'intende.

POLLIONE
Ah, perdona!

OROVESO, CORO
Se stassi muto, se il tuon sospende.

POLLIONE
Ah! T'ho perduta.

NORMA
Si, e per sempre.

OROVESO, CORO
Indizio è questo, indizio espresso.

POLLIONE
Sublime donna!

NORMA
Quest'ora orrenda tel dica.

POLLIONE
Perdona, perdon.

OROVESO, CORO
Che tanto ecceso punir non dé,
ah no, che il Dio punir non dé.

NORMA
Crudel! Per sempre,
ah si, crudel!

POLLIONE
Io t'ho perduta, sublime donna!
Che feci, oh ciel!

OROVESO, CORO
Norma! Deh Norma, scolpati!
Taci? Ne ascolti appena?

NORMA
Cielol, e miei figli?

377.   El dios severo que aquí te oye.

378.   ¡Ah, perdóname!

379.   Si está mudo, si suspende el trueno.

380.   ¡Ah! Te he perdido.

381.   Si, y para siempre.

382.   Éste es un indicio expreso.

383.   ¡Sublime mujer!

384.   Que ésta hora horrenda te diga.

385.   Perdóname, perdón.

386.   Este crimen no debe castigarse,
no, el dios no lo debe castigar.

387.   ¡Cruel! ¡Para siempre,
ah sí, cruel!

388.   ¡Te he perdido, sublime mujer!
¡Qué hice, oh cielo!

389.   ¡Norma! ¡Norma, discúlpate!
¿Callas? ¿Estas escuchando?

A Pollione
390.   ¿Cielo, y mis hijos?

POLLIONE
Ah, miseri! Oh pena!

391. ¡Ah, pobrecitos! ¡Qué pena!

NORMA
I nostri figli?

392. ¿Y nuestros hijos?

POLLIONE
Oh, pena!

393. ¡Qué pena!

OROVESO, CORO
Norma sei rea? Parla!

394. ¿Norma, eres culpable? ¡Habla!

NORMA
Sì, oltre ogni umana idea.

395. Si, mas de lo que te imaginas.

Corre hacia su padre.

OROVESO, CORO
Empia!

396. ¡Impía!

NORMA
Tu m'odi.

A Oroveso
397. Óyeme.

OROVESO
Scostati.

398. Apártate.

NORMA
Deh, deh, m'odi!

399. ¡Por favor, escúchame!

OROVESO
Oh, mio dolor!

400. ¡Oh, cuánto dolor!

NORMA
Son madre.

401. Soy madre.

OROVESO
Madre! ...

402. ¡Madre! ...

NORMA
Acquetati.
Clotilde ha i figli miei.
Tu li raccoglie ai barbari
gli invola insiem con lei.

403. Cálmate.
Clotilde tiene a mis hijos.
Recógelos y escóndelos de los bárbaros
junto con ella.

OROVESO
No, giammai, va, lasciami.

404. No, jamás, vete, déjame.

NORMA
Ah padre, ah padre!
Un prego ancor.

405. ¡Padre, padre!
Un último ruego.

Se arrodilla.

OROVESO
O mio dolor!

406. ¡Oh, cuánto dolor!

CORO
Oh, qual orror!

407. ¡Oh, cuánto horror!

NORMA
Deh! Non volerli vittime
del mio fatale errore,
Deh! Non troncar sul fiore
Quell'innocente età.
Pensa che son tuo sangue,
abbi di lor pietade,
ah! padre abbi di lor pietà.

408. Por favor no los hagas víctimas
de mi fatal error.
No cortes las flores
de su inocente edad.
Piensa que son tu sangre
ten piedad de ellos,
ah! padre ten piedad de ellos.

POLLIONE
Commosso è già, si, è già.

409. Está conmovido, si, lo está.

NORMA
Padre tu piangi?

410. ¿Padre tú, lloras?

OROVESO
Oppresso è il core.

411. Tengo oprimido el corazón.

NORMA
Piangi e perdona.

412. Llora y perdona.

POLLIONE
Oh, ciel.

413. Oh, cielo.

OROVESO
Ha vinto amor, oh, ciel.

414. Ha vencido el amor, oh, cielo.

POLLIONE
Oh, ciel.

415. Oh, cielo.

NORMA
Ah! Tu perdoni.

416. Ah! Tú perdonas.

POLLIONE
Ah, si.

417. Ah, sí.

OROVESO
Ah, si.

NORMA
Quel pianto il dice.

POLLIONE
Oh, ciel.

OROVESO
Oh, duol.

NORMA
Io più non chiedo.

POLLIONE
Ah, si!

OROVESO
Oh, duol.

NORMA
Io son felice.

POLLIONE
Oh, ciel!

NORMA
Ah, più non chiedo, ah, no.
Ah, più non chiedo,
Contenta al rogo io ascenderò.

POLLIONE
Ah, più non chiedo
Contento al rogo ascenderò.

OROVESO
Figlia!
Ah, consolarm'io mai non potrò.

CORO
Piange! Prega! Che mai spera?
Qui respinta è la preghiera.
Le si spogli il crin al serto
la si copra di squallor.

418. Ah, sí.

419. Ese llanto lo dice.

420. Oh, cielo.

421. Oh, dolor.

422. Yo no pido más.

423. ¡Ah, sí!

424. Oh, dolor.

425. Estoy feliz.

426. ¡Oh, cielo!

427. No pido más, ah, no.
No pido más,
Contenta a la pira ascenderá.

428. No pido más.
Contento ascenderé a la pira.

429. ¡Hija!
Ah, no podré consolarme.

430. ¿Llora y ruega qué más espera?
Su plegaria será rechazada.
Que se le quite la guirnalda
y que cubran con un velo negro.

POLLIONE
Più non chiedo, oh ciel.

NORMA
Padre, ah padre!

POLLIONE
Oh, ciel.

OROVESO
Ah, cessa infelice!

NORMA
Tu mel prometti?

POLLIONE
Fia ver?

OROVESO
Io tel prometto.
Ah, sì!

POLLIONE
Ah, sì!

NORMA
Ah, tu perdoni.

POLLIONE
Ah sì.

NORMA
Quel pianto il dice.

POLLIONE
Oh, ciel.

OROVESO
Oh, ciel.

NORMA
Io più non chiedo.

POLLIONE
Ah, sì.

431. No pido más, oh cielo.

432. ¡Padre, padre!

433. Oh, cielos.

434. ¡Ah, ya calla infeliz!

435. ¿Tú me lo prometiste?

436. ¿Es verdad?

437. Yo te lo prometí.
      ¡Ah, sí!

438. ¡Ah, sí!

439. Ah, me has perdonado.

440. Ah, sí.

441. Ese llanto me lo dice.

442. Oh, cielos.

443. Oh, cielos.

444. Yo no pido más.

445. Ah, sí.

OROVESO
Oh, duol.

446. Cuanto dolor.

NORMA
Io son felice.

447. Yo soy feliz.

POLLIONE
Ah, sì.

448. Ah, sí.

NORMA
Ah, più non chiedo,
ah, più non chiedo.
Contenta al rogo ascenderò.

449. Mas no pido,
ah, no pido.
Contenta subiré a la pira.

POLLIONE
Ah più non chiedo
Contento al rogo io ascenderò.

450. No pido más
Contento subiré a la pira.

OROVESO
Figlia!
Ah, consolarm'io, ah, non potrò.

451. ¡Hija!
No podré consolarme.

CORO
Si, piange! che mai spera?
Qui respinta è la preghiera
Le sio spogli il crin del serto
sia coperta di squallor.

452. ¿Si, llora, qué más espera?
Aquí es rechazada la plegaria.
Que le quiten la guirnalda
y la cubran con un velo negro.

Las Druidas cubren a Norma con un velo negro

CORO
Vanne al rogo;
ed il tuo scempio
purghi l'ara
e lavi il tempio.
Maledetta estinta ancor.

453. Ve a la pira;
y tu ejemplo
purgue el altar
y lave al templo.
Maldita aun en la muerte.

OROVESO
Va infelice!

454. ¡Ve infeliz!

NORMA
Padre, addio!

455. ¡Adiós, padre!

POLLIONE

Il tuo rogo, o Norma, è il mio.
Là più santo incomincia
eterno amor.

NORMA

Padre addio!

OROVESO

Addio!

456. Tu pira, Norma, es la mía.
El amor más santo comienza
y será eterno.

457. ¡Adiós padre!

458. ¡Adiós!

Norma y Pollione suben a la pira.

F I N

Biografía de Vincenzo Bellini

Vincenzo Salvatore Carmelo Francesco Bellini nació en Catania Sicilia el 3 de Noviembre de 1801. Su padre era organista y le impartió desde que cumplió 2 años, lecciones de música las cuales por ser un niño prodigio asimiló sin dificultades. Estudió piano a los 3 años. Escribió su primera obra a la edad de 6 años.

El Duque de San Martino le concedió una beca para estudiar en el Colegio de San Sebastián en Nápoles en donde aprendió armonía, contrapunto y composición.

Publicó su primera ópera, "Adelson e Salvini" en 1825. Otras de sus óperas son: *Bianca e Fernando, Il Pirata, La Straniera, Zaira, I Capuleti e I Montechi, La Sonnambula, Norma, Beatrice di Tenda, I Puritani* y además música sacra.

Bellini murió a la edad de 34 años en Puteaux Francia el 23 de Septiembre de 1835, fue sepultado en el Cementerio de Pére Lachaise de Paris y en 1876 sus restos fueron trasladados a Catania.

Óperas de Bellini

Adelson e Salvini	*Il Pirata*
Beatrice di Tenda	*La Straniera*
Bianca e Gernando	*La Sonnambula*
Bianca e Fernando	*Norma*
(revision of *Bianca e Gernando*)	*I Puritani*
I Capuleti e i Montecchi	*Zaira*

Acerca de Estas Traducciones

El Dr. Eduardo Enrique Prado Alcala nació en 1937 en el norte de México, estudió la carrera de medicina y se especializó en cáncer ginecológico y cáncer de mama.

Ejerció su carrera durante 40 años y finalmente llegó a la edad del retiro.

Desde la edad de 42 años, se hizo aficionado a la ópera y a la música clásica y formó parte de un grupo de amigos aficionados a estas disciplinas. Tuvo la oportunidad de asistir a funciones operísticas en la Ciudad de México, en Guadalajara México, en Toluca México, en Mazatlán México, en Seattle, en Madrid y en Londres. Organizó en la Ciudad de Mazatlán tres conciertos de música clásica, uno de ellos en la catedral.

Jugum Press y Ópera en Español

Prensa publica estas traducciones de ópera por Dr. E.Enrique Prado:

Vincenzo Bellini:
Norma

Georges Bizet:
Carmen

Gaetano Donizetti:
Anna Bolena, Don Pasquale, Lucia di Lammermoor,
Lucrezia Borgia

Ruggero Leoncavallo:
I Pagliacci

Pietro Mascagni:
Cavalleria Rusticana

Wolfgang Amadeus Mozart:
Die Zauberflöte, Don Giovanni, Le Nozze di Figaro

Giacomo Puccini:
La Boheme, La Fanciulla del West, Madama Butterfly, Manon Lescaut, Tosca
El Tríptico: Gianni Schicchi, Suor Angelica, Il Tabarro

Giacchino Rossini:
Il Barbiere Di Siviglia, La Cenerentola

Giuseppe Verdi:
Aida, Un Ballo in Maschera, Don Carlo, Ernani, Falstaff, La Forza del Destino,
I Lombardi, Macbeth, Nabucco, Otello, Rigoletto, Simon Boccanegra, La Traviata,
Il Trovatore

Para información y disponibilidad, por favor vea
www.operaenespanol.com
Correo: JugumPress@outlook.com
Síganos en Twitter: @jugumpress
Regístrate para nuestras noticias: http://eepurl.com/5m7tj

www.ingramcontent.com/pod-product-compliance
Lightning Source LLC
Chambersburg PA
CBHW081301040426
42452CB00014B/2603